AF311897

1887 - Mai - 9

VENTE

MAXIME LALANNE

CATALOGUE

DE

DESSINS

TABLEAUX & EAUX-FORTES

PAR FEU

MAXIME LALANNE

DONT LA VENTE AURA LIEU

Par suite de son décès

HOTEL DROUOT, SALLE N° 5

Le Lundi 9 Mai 1887, à 2 heures

COMMISSAIRE-PRISEUR	EXPERT
Me **MAURICE DELESTRE**	**M. EUG. FÉRAL**, peintre
rue Drouot, 27	Faubourg-Montmartre, 54.

Chez lesquels se trouve le présent Catalogue.

EXPOSITION PUBLIQUE

Le Dimanche 8 Mai 1887, de une heure à cinq heures.

CONDITIONS DE LA VENTE

Elle sera faite au comptant.

Les adjudicataires payeront *cinq pour cent* en sus des enchères

L'ordre numérique sera suivi pour la vente.

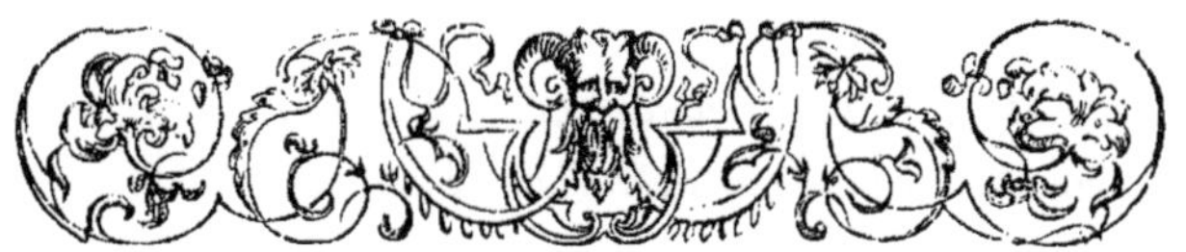

Le temps ne nous ayant pas permis de demander à un auteur autorisé une introduction au présent catalogue, donnant un résumé des œuvres de Maxime Lalanne dont le talent spirituel et fécond est connu de tous, il nous a semblé pourtant utile d'extraire des *Tablettes biographiques* les renseignements suivants qui peuvent intéresser les amateurs.

M. François-Antoine-Maxime Lalanne est né, le 27 novembre 1827, à Bordeaux, où son père remplissait les fonctions de greffier à la première chambre de la Cour d'appel.

Après avoir fait de brillantes études dans sa ville natale et obtenu, en 1848, le diplôme de bachelier ès lettres, il vint à Paris, en 1852, pour se livrer à de très sérieuses études artistiques. Très bien accueilli par les maitres de cette époque, il devint l'élève de J. Gigoux, qui développa surtout en lui les tendances les plus délicates, et en même temps les plus solides, pour le paysage.

M. Lalanne débuta au Salon de 1852 par une série de fusains qui attirèrent l'attention et lui valurent les appréciations favorables de la critique. Ces premiers ouvrages dénotaient déjà l'originalité et la vigueur du talent de leur auteur.

Grâce à ses dispositions particulières pour ce genre, M. Lalanne devint bientôt un maître.

Dans le but de se fortifier par des études variées, il entreprit une série de voyages à travers la France, l'Espagne, la Suisse, l'Angleterre, la Belgique, la Hollande, etc. L'un des fondateurs, de 1863 à 1866, de la Société des aquafortistes, et auteur d'un Traité de la gravure à l'eau-forte, Cadart, éditeur, Paris, 1866, et d'un traité : le Fusain, brochure, Berville, éditeur, Paris, 1869. M. Lalanne s'est fait remarquer surtout par les belles eaux-fortes qu'il a exécutées.

Parmi ces productions, nous citerons d'abord douze planches : la Maison de Victor Hugo, à Guernesey, en 1864, dans le livre : Chez Victor Hugo, par un passant. Ces douze eaux-fortes ont particulièrement reçu le plus brillant et plus chaleureux accueil. Outre de nombreuses planches, que M. Lalanne a exécutées pour la Gazette des Beaux-Arts, depuis 1863, l'Art, l'Illustration nouvelle, de 1868 à 1882, divers Albums et Catalogues de ventes artistiques, de nombreux dessins au fusain, à la mine de plomb, à la plume, des dessins sur bois, dans les publications les plus connues.

Puis, *la* Hollande à vol d'oiseau, *texte par* Havard, 172 *reproductions de dessins d'après nature*, 1881; la Flandre à vol d'oiseau, *texte également par Havard*. 60 *reproductions de dessins d'après nature*, 1883. *Il a publié, en outre, une collection de* 75 *fusains, reproduits par la pantotypie. Berville, éditeur*, 1875.

Son œuvre est beaucoup trop grande pour qu'il soit possible d'en faire ici l'énumération.

M. Lalanne a reçu de nombreuses médailles aux Expositions de Paris, de province et de l'étranger. Nommé membre du Jury au salon, de 1869 à 1883. Décoré, en 1864, de l'ordre du Christ de Portugal, par Don Fernando qui, à titre lui-même d'aquafortiste de talent, avait pu apprécier, lors de son voyage en France, les travaux de M. Lalanne, il a reçu, en 1865, la croix de chevalier de Saint-Grégoire-le-Grand.

La croix de la Légion d'honneur lui a été conférée, le 6 août 1875, comme consécration de son remarquable talent.

Il a reçu également, le 31 décembre 1878, les palmes d'officier d'Académie.

(*Extrait des Tablettes biographiques, mémorial universel des Hommes du temps*, 1883, *par* A. Berthon.)

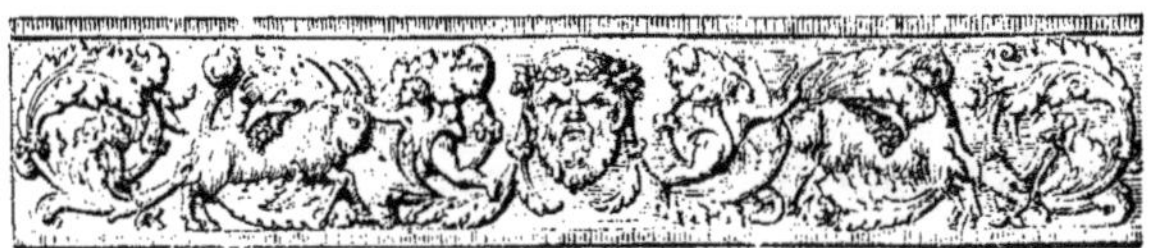

DÉSIGNATION

DESSINS AU FUSAIN

1 — Intérieur rustique.

> Haut., 34 cent.; larg., 49 cent.

2 — Paysage avec rivière.

Effet de clair de lune.

> Haut., 58 cent.; larg., 45 cent.

3 — Maison de paysans.

> Haut., 38 cent.; larg., 55 cent.

4 — Rochers et bois de sapins.

> Haut., 48 cent.; larg., 62 cent.

5 — Vue de la ville de Campen (Hollande).

> Haut., 20 cent.; larg., 29 cent.

6 — Un coin du vieux Rouen.

Effet de clair de lune.

Haut., 28 cent.; larg., 39 cent.

7 — Vue de Rouen, route de Bon-Secours.

Haut., 30 cent.; larg., 48 cent.

8 — Plage, à marée basse, et falaises.

Haut., 28 cent.; larg., 42 cent.

9 — Plage.

Effet de soleil couchant.

Haut., 40 cent.; larg., 60 cent.

10 — Falaises. Temps orageux.

Haut., 27 cent.; larg., 37 cent.

11 — Paysage.

Haut., 45 cent.; larg., 31 cent.

12 — Les bords de la Seine, au Pecq.

Haut., 43 cent.; larg., 28 cent.

13 — Un canal, à Amsterdam.

Haut., 30 cent.; larg., 40 cent.

14 — Arbres et rochers au bord d'un cours
d'eau.

> Haut., 25 cent.; larg., 33 cent.

15 — Les Roches-Noires, à Trouville.

> Haut. 27 cent.; larg., 44 cent.

16 — Lac et montagnes (Suisse).

> Haut. 34 cent.; larg., 25 cent.

17 — Entrée de village, près Concarneau.

> Haut. 29 cent.; larg., 23 cent.

18 — Les bords de la Seine.

Effet de clair de lune.

> Haut., 24 cent.; larg., 41 cent.

19 — Paysage avec cours d'eau et chemin tra-
versant un bois.

> Haut., 38 cent.; larg., 28 cent.

20 — Bords de la Marne, à Champigny.

> Haut., 29 cent.; larg., 44 cent.

21 — Falaises.

> Haut., 37 cent.; larg., 29 cent.

22 — Un puits, à Colombes.

> Haut., 40 cent.; larg., 31 cent.

23 — Entrée du bassin d'Arcachon.

Haut , 10 cent.; larg , 17 cent.

24 — Champs de culture.

Haut., 18 cent.; larg., 25 cent.

25 — Vue prise des Moulineaux.

Haut., 23 cent.; larg., 36 cent.

26 — Jardin de l'Élysée.

Haut., 39 cent.; larg., 29 cent.

27 — Paysage.

Effet de crépuscule.

Haut., 14 cent.; larg., 25 cent.

28 — Bateaux et moulins, à Utrecht.

Haut., 21 cent.; larg., 31 cent.

29 — Paysage.

Haut., 16 cent.; larg., 26 cent.

30 — Bords de rivière.

Effet du matin.

Haut., 19 cent.; larg., 29 cent.

31 — Sous bois.

Haut., 28 cent.; larg., 44 cent.

32 — Paysage montueux avec maisons.

Haut., 28 cent.; larg., 43 cent.

33 — Fossés du château de Neuvic.

Haut., 30 cent.; larg., 46 cent.

34 — Paysage coupé par une rivière.

Haut., 16 cent.; larg., 24 cent.

35 — Environs de Caen.

Haut., 19 cent.; larg., 26 cent.

36 — Entrée de village.

Haut., 31 cent.; larg., 45 cent.

37 — Les champs de Cénon.

Haut., 29 cent.; larg., 45 cent.

38 — Vue prise près de Beuzeval.

Haut., 34 cent.; larg., 50 cent.

39 — L'Orangerie de Mme de Balzac.

Haut., 41 cent.; larg., 33 cent.

40 — Intérieur de cuisine.

Haut., 28 cent.; larg., 35 cent.

41 — Montagnes et lac (Suisse).

Haut., 40 cent.; larg., 55 cent.

42 — L'Escalier de Sainte-Barbe (Bretagne).

Haut., 40 cent.; larg., 5o cent.

43 — Arbres et rochers.

Haut., 40 cent.; larg., 5a cent.

44 — Falaises et bateau de pêche.

Haut., 38 cent.; larg., 53 cent.

45 — Plage de Villers, marée basse.

Haut., 33 cent.; larg., 54 cent.

46 — Vue du port de Malaga.

Haut., 36 cent.; larg., 56 cent.

47 — La Baie des Trépassés (Finistère).

Haut., 37 cent.; larg., 55 cent.

48 — Vue de Madrid.

Haut., 37 cent.; larg., 56 cent.

49 — Torrent, en Suisse.

Haut., 43 cent.; larg., 27 cent.

5o — Entrée de forêt.

Haut., 60 cent.; larg., 46 cent.

51 — Parc de Ferrières.

> Haut., 43 cent.; larg., 59 cent.

52 — Citadelle de Besançon.

> Haut., 44 cent.; larg., 60 cent.

53 — Grotte de Morgat.

> Haut., 45 cent.; larg., 55 cent.

54 — Château de Chacenay.

> Haut., 56 cent.; larg., 42 cent.

55 — Autre vue du château de Chacenay.

> Haut., 57 cent.; larg., 41 cent.

56 — Rochers de Beuzec (Finistère).

> Haut., 42 cent., larg., 55 cent.

57 — Chène, près de constructions en ruine.

> Haut., 60 cent.; larg., 46 cent.

58 — Chemin tournant, dans le parc de Mme de Balzac.

> Haut., 48 cent.; larg., 63 cent.

59 — Église de Nointel.

> Haut., 50 cent.; larr., 40 cent.

60 — Lac de Suisse.

> Haut., 41 cent.; larg., 56 cent.

61 — Un sentier dans le parc de Mme de Balzac.

Salon de 1886.

Haut., 47 cent.; larg., 63 cent.

62 — Bordeaux.

Vue prise de la place Richelieu.
Salon de 1876.

Haut., 42 cent.; larg., 62 cent.

63 — Sapins, dans les Pyrénées.

Haut., 42 cent.; larg., 55 cent.

64 — Une rue du vieux Rouen.

Haut., 56 cent.; larg., 43 cent.

65 — Le Passage de la Marmite.

Haut., 40 cent.; larg., 31 cent.

66 — Siège de Paris. Campement.

Haut., 25 cent.; larg., 39 cent.

67 — Allée de Nointel (Seine-et-Oise).

Haut., 36 cent.; larg., 26 cent.

68 — Entrée du parc de Nointel.

Haut., 36 cent.; larg., 26 cent.

69 — Rue, à Séville.

Haut., 36 cent.; larg., 26 cent.

70 — Port de Bordeaux.

Haut., 23 cent. ; larg., 31 cent

71 — Quai de Grève.

Haut., 23 cent.; larg., 31 cent.

72 — Feuilles et fruits.

Haut., 23 cent.; larg., 31 cent.

73 — Parc de Mme de Balzac.

Salon de 1878.

Haut., 58 cent.; larg., 47 cent.

74 — Église de Beaumont. Vue de Nointel.

Haut., 48 cent.: larg., 35 cent.

75 — Clair de Lune.

Haut., 30 cent.; larg., 46 cent.

76 — Souvenir du siège de Paris.

Haut., 30 cent.; larg., 46 cent.

77 — Sentier dans le parc de Mme de Balzac.

Salon de 1881.

Haut., 58 cent.; larg., 46 cent.

78 — Escalier. Entrée du parc de Beauregard,
chez Mme de Balzac.

Haut., 61 cent.; larg., 47 cent.

79 — Besançon.

Haut., 58 cent.; larg., 45 cent.

80 — Souvenir du siège de Paris. Halte des troupes en avant du Petit-Drancy. Route de Bondy.

Haut., 13 cent.; larg., 31 cent.

81 — Le rayon électrique du phare Bazin dirigé sur l'ennemi, à Bezons.

Haut., 13 cent.; larg., 31 cent.

[DESSINS A LA MINE DE PLOMB

82 — Cul-de-Sac du Haut-Mariage (Rouen).

Haut., 26 cent.; larg., 13 cent.

83 — Rue du Père-Adam (Rouen).

Haut., 28 cent.; larg., 19 cent.

84 — Vieille tour, à Rouen.

Haut., 26 cent.; larg.. 17 cent.

85 — Rue de la Grosse-Horloge (Rouen).

Haut., 26 cent.; larg., 15 cent.

86 — Rue Eau-de-Robec (Rouen).

Haut., 26 cent.; larg., 19 cent.

87 — Une cour, rue des Arpents (Rouen).

Haut., 31 cent.; larg., 21 cent.

88 — Entrée du Palais de Justice (Rouen).

Haut., 28 cent.; larg., 23 cent.

89 — Bassin du Mont-Riboudet (Rouen).

Haut., 21 cent.; larg., 31 cent.

90 — A Vichy.

Haut., 14 cent.; larg., 22 cent.

91 — Chalets, en Suisse.

Haut., 11 cent.; larg., 15 cent.

92 — Chaœnay (Aube).

Hant.. 16 cent.; larg., 28 cent.

93 — Barnos Saint-Laurent (Médoc).

Haut., 12 cent.; larg., 18 cent.

94 — A Pont-Aven.

Haut., 18 cent.; larg., 13 cent.

95 — Falaises, près Douarnenez.

Haut., 25 cent.; larg., 40 cent.

96 — Le Pont-Neuf, à Paris.

Haut., 20 cent. ; larg., 30 cent.

97 — Blaye, près Bordeaux.

Haut., 27 cent.; larg., 45 cent.

98 — Rue du Bac, à Rouen.

Haut., 33 cent.; larg., 21 cent.

99 — Une rue de Vitré.

Haut., 34 cent,; larg., 25 cent.

100 — Besançon.

Haut., 27 cent.; larg., 46 cent.

101 — Impasse du Petit-Salut, à Rouen.

Haut., 43 cent. ; larg., 28 cent.

102 — Le Parc du Champ de Mars, exposition de 1878.

Haut., 23 cent.; larg., 32 cent.

103 — Le Trocadéro. Exposition de 1878.

Haut., 22 cent.; larg., 33 cent.

104 — Amsterdam. Tour de l'Ouest.

Haut., 17 cent.; larg., 24 cent.

105 — Vue de Haven, à Rotterdam.

Haut , 15 cent.; larg., 26 cent.

106 — Villers-sur-Mer (Calvados).

Haut., 23 cent.; larg., 38 cent.

107 — Trouville, en 1876.

Haut., 26 cent.; larg., 40 cent.

CRAYON NOIR

108 — Fossés du château de Neuvic.

Haut., 17 cent.; larg., 23 cent.

109 — Square Saint-Germain, à Paris.

Haut., 39 cent.; larg., 30 cent.

DESSINS A LA PLUME

110 — Maison, rue du Petit-Salut, à Rouen.

Haut., 26 cent.; larg., 21 cent.

111 — Rue du Chaudron, à Rouen.

Haut., 20 cent.; larg., 26 cent.

112 — Maison, rue Eau de-Robec, à Rouen.

Haut., 30 cent.; larg., 21 cent.

PEINTURE

113 — A Bordeaux.

Haut., 28 cent.; larg., 41 cent.

114 — Bas-Meudon.

Haut., 24 cent.; larg., 32 cent.

115 — En Hollande.

Haut., 24 cent.; larg., 33 cent.

116 — Port de Bordeaux.

Haut., 24 cent.; larg., 32 cent.

117 — Bordeaux.

Haut., 26 cent.; larg., 35 cent.

118 — Une rade.

Haut., 24 cent.; larg., 33 cent.

119 — Villeneuve-Saint-Georges. Entrée du Parc de Mme de Balzac.

Haut., 35 cent.; larg., 27 cent.

120 — En Hollande. Moulins.

Haut., 24 cent.; larg., 33 cent.

121 — Falaises, à Bruneval.

Haut., 21 cent. ; larg., 26 cent.

122 — Port de Trouville.

Haut., 27 cent.; larg., 37 cent.

EAUX - FORTES

VUES DE PARIS

123 — Rue des Marmousets.

(Catalogue de l'œuvre de M. Lalanne, n° 1).
Dessiné d'après nature, sur cuivre, pour la *Société des Aquafortistes*, 1863.
Très rare épreuve, tirée sur papier du Japon.

124 — Démolitions pour le percement du boulevard Saint-Germain (n° 2).

Dessiné d'après nature, sur cuivre, pour la *Société des Aquafortistes*. 1863.
Premier état avec grand nombre de travaux, tiré sur papier vergé.

— La même estampe.

Deuxième état avec les travaux additionnels.

125 — Démolitions pour le percement de la rue des Écoles.

Dessiné d'après nature, sur cuivre, pour la *Société des Aquafortistes*, 1865.
Très belle épreuve, tirée sur papier du Japon.

— La même estampe.

Épreuve tirée sur papier vergé.

126 — Passage de la Marmite (Vieux Paris démoli), n° 38.

> Pour *Le Paysagiste aux champs* de F. Heuriet, 1866.
> Belle épreuve, tirée sur papier du Japon. (Très rare).

— La même estampe.

> Belle épreuve d'artiste, tirée sur papier vergé. (Très rare).

127 — Deux grandes vues de Paris. (n°ˢ 41 et 42.)

> Belles épreuves, avant la lettre, tirées sur papier vergé.

128 — Vue du Pont-des-Arts (n° 45).

> Pour « Sonnets et Eaux-fortes. »
> Très belle épreuve d'artiste, tirée sur papier vergé. (Très rare).

129 — Souvenirs artistiques du Siège de Paris, 1870-1871, 5ᵉ 6ᵉ et 7ᵉ secteurs.

> Suite de douze estampes (n°ˢ 69 à 80).
> 1° Vue prise du viaduc du Point-du-Jour, bastions 67 et 63, défense de la Seine.
> 2° Bastion 66, côté extérieur de la porte de Versailles.
> 3° Porte de Versailles du Point-du-Jour, côté extérieur avec l'avancée.
> 4° Un effet de bombardement, poste-caserne du bastion 65.
> 5° Le Cavalier, bastion 63.
> 6° Un tir au bastion (abris et casemates).
> 7° Avenue de Boulogne, Saint-Cloud au fond.
> 8° Etat de la mare d'Auteuil.
> 9° Porte de l'avenue Ulrich.

10° Bastion 49 (un aspect des fortifications).
11° Un poste de gardes nationaux aux remparts.
12° Batterie de Montmartre. Vue prise du phare Bazin.
Épreuves tirées sur papier du Japon.

— La même suite.

Épreuves rares tirées, à l'exception de cinq, sur vieux papiers.

EAUX-FORTES DIVERSES

130 — Vue d'un Parc, aux environs de Paris (n° 3).

Dessiné d'après nature, sur cuivre, pour la *Société des Aquafortistes*, 1863.
Belle épreuve, tirée sur papier à l'essence.

131 — Vue prise de Neuilly (Seine) (n° 4).

Dessiné d'après nature, sur cuivre, pour la *Société des Aquafortistes*, 1864.
Très belle épreuve, tirée sur papier vergé et signé (très rare).

132 — Chez Victor Hugo.

Suites de 12 planches publiées chez Cadart et Luquet, (n°ˢ 14 à 25).
1° Saint-Pter-Post, Guernesey.
2° Hauteville House.
3° Le vestibule.

4' Cheminée de la salle à manger.
5° Le salon rouge.
6° Porte de la galerie de chêne.
7° Cheminée de la galerie de chêne.
9° Le look out (cabinet de Victor Hugo).
10° Le Look out.
11° La chambre de Victor Hugo.
12° Victor Hugo dans son jardin.

Épreuves tirées sur papier divers, vieux papiers et papiers du Japon.

— La même série.

Épreuves, avec la lettre, tirées sur papier de Chine. (Très rare).

133 — Vue prise à Bordeaux, par un temps de neige (n° 471.)

Pour l'*Illustration nouvelle*, 1868.
Très belle épreuve, tirée sur vieux papier (4° état).

— La même estampe.

Épreuve avant la lettre tirée sur papier vergé.

134 — Incendie dans le port de Bordeaux, septembre, 1869 (n° 481).

Pour l'*Illustration nouvelle*.
Épreuve tirée sur papier du Japon.

135 — Vue prise sur les bords de la Tamise (1869) (n° 54).

Épreuve tirée sur papier du Japon.

— La même estampe.

Belle épreuve tirée sur vieux papier.

136 — Douze croquis dessinés d'après nature, *Divertissements sur cuivre* (n° 57 à 68), Cadart et Lucquet.

1° La Seine à Bezons.
2° La Seine à Argenteuil.
3° Dans un parc.
4° A Barcelone (Espagne).
5° Dans le port de Bordeaux.
6° A Cusset (Allier).
7° Le pigeonnier.
8° Plage des Vaches noires à Villers (Calvados).
9° Près Houlgate (Calvados).
10° Plage d'Houlgate (Calvados).
11° Dives (Calvados).
12° Vue prise du port de Dives (Calvados).

Très belles épreuves tirées, sur papier divers. (Très rare).

— La même série.

Belles épreuves tirées sur papier de Chine.

137 — Vue prise à Richmond, près Londres (n° 42).

Pour le *porte folio Sceley*, 1871.
Épreuve tirée sur papier du Japon.

— La même estampe.

Épreuve tirée sur papier vergé.

138 — Les ormeaux de Cénon, près Bordeaux (n° 83).

> Dessiné d'après nature sur cuivre. Pour la *Gazette des Beaux-Arts*, 1871.
> Très belle et très rare épreuve tirée sur parchemin.
> Il n'a été tiré de cette planche que trois épreuves sur parchemin.

— La même estampe.

> Très belle épreuve tirée sur vieux papier.

139 — Vue prise à Trouville (n° 99).

> Pour l'*Illustration nouvelle*, 1874.
> Belle épreuve tirée sur papier du Japon.

— La même estampe.

> Épreuve avant la lettre tirée sur papier vergé.

140 — Les Roches Noires, à Trouville (n° 100).

> Pour l'*Illustration nouvelle*, 1874.
> Très belle épreuve tirée sur papier du Japon.

— La même estampe.

> Belle épreuve avant la lettre tirée sur papier vergé.

141 — Vue prise à Hennebon (n° 101) (Morbihan).

> Épreuve avant la lettre tirée sur papier vergé.

142 — Vue prise de Haarlem (Hollande) (n° 121.)

Épreuve d'artiste tirée sur papier vergé.

143 — Un vieux quartier de Vitré (Ille-et-
Vilaine) (n° 125).

Très belle épreuve sur vieux papier.

— Même estampe.

Tirée sur papier du Japon.

144 — Un vieux port, à Trouville (n° 126).

Belle épreuve avant la lettre tirée sur papier vergé.

145 — Port de Trouville (n° 132).

Salon de 1882.
Premier état tiré sur papier vergé. Il n'a été tiré de cet
état que trente épreuves.

146 — Vieux quartier d'Amsterdam.

Salon de 1883.
Très belle épreuve tirée sur vieux papier.

IMPRIMERIE D. DUMOULIN ET Cⁱᵉ
rue des Grands-Augustins, 5, Paris.

www.ingramcontent.com/pod-product-compliance
Ingram Content Group UK Ltd.
Pitfield, Milton Keynes, MK11 3LW, UK
UKHW031727170726
13836UKWH00001B/487